사랑이 슬픈 건
이별을 기억하기
때문이다

사랑이 슬픈 건
이별을 기억하기 때문이다

초판 1쇄 발행 2015년 12월 31일

지은이 전호진
펴낸이 장길수
펴낸곳 지식과감성#
출판등록 제2012-000081호

디자인 윤혜성
편집 이현, 양보영
교정 이주영
마케팅 안신광

주소 서울시 금천구 가산동 60-5 갑을그레이트밸리 B동 507호
전화 070-4651-3730~4
팩스 070-4325-7006
이메일 ksbookup@naver.com
홈페이지 www.knsbookup.com

ISBN 979-11-5528-955-6(03810)
값 10,000원

ⓒ 전호진 2015 Printed in Korea

잘못된 책은 구입하신 곳에서 바꾸어 드립니다.
이 책의 전부 또는 일부 내용을 재사용하려면 사전에 저작권자와 펴낸곳의 동의를 받아야 합니다.

이 도서의 국립중앙도서관 출판예정도서목록(CIP)은 서지정보유통지원시스템
홈페이지(http://seoji.nl.go.kr)와 국가자료공동목록시스템(http://www.nl.go.kr/kolisnet)에서
이용하실 수 있습니다. (CIP제어번호 : CIP2015036095)

 홈페이지 바로가기

전호진 시집

사랑이 슬픈 건 이별을 기억하기 때문이다

목차

I. 사랑 그리고 설렘

나 너가 참 좋다 10
어느날 11
내게서 넌, 12
특별한 무언가 있다 13
오늘 우린, 사랑해야 한다 14
그래도 모른 척 15
짝사랑 개론 16
짝사랑 18
흐노니 19
사랑하라 합니다 20
사랑도 용기가 필요하다 21
사랑대담 22
사랑… 시간에 흐르다 23
사랑… 바람에 흐르다 24
사랑도 그러하다 25
너는 나의 전부였다 26

무엇이 되든 27
그댄 내게서 사랑이 되었다 28
그대를 위한 詩 29
그대를 만났습니다 30
그렇게 사랑해야겠다 31
그대는 사랑입니다 32
그대가 난 참 좋습니다 33
그대가 온다면 34
그대 그리움 내게로 온다 35
고백은 독백처럼 36
사랑해 사랑해 사랑해 37
바다가 보이는 곳에서 38
감사한 사람 39
더 그대를… 40
희망사항 41

Ⅱ. 사랑 그리고 이별

이별선언 44
이별 앞에서… 45
이별이란 46
어쩌면 우리 같습니다 47
잊어야 합니다 48
상념(想念)들 49
내겐 눈물입니다 50
눈물… 그리고 51
파도처럼 52
그대 슬픈 침묵 53
떠난 네가 못내 그리워서… 54
널 생각하면 55
부디… 56
비워내는 연습이 필요하다 57
그대에게 묻고 싶은데 58
그대가 보고프면… 59
너의 배려 60
그대 곁도 스쳤으면 61
첫눈이 오면 62
나의 겨울로 갑니다 63
이별… 그리고 아쉬움 64
눈물이 난다 65
그저 이 아픔이 지나가길 66
그대 날 잊어도 돼 67

Ⅲ. 사랑 그리고 그리움

지금도 사랑하는데… 70
후회가 남지 않도록 71
시간의 사이 72
왜일까 73
여운 74
그 길로 가자 75
무제 473 76
애달픈 가을 연가(戀歌) 77
그대 안녕하신지요 78
그 사랑을 위해 80
그럼에도 81
가을비, 그리고… 1 82
가을비, 그리고… 2 83
時間은… 84
무제 472 85
그렇게 아카시아는 피었고 1 86
그렇게 아카시아는 피었고 2 87
별이 불어오던 밤 88
그리움이 비처럼 내리고 89
인연(因緣) 90
그러나… 바람 91
가을바람에… 92
그렇게 세월이 된다 93
목련이 핀다는데 94
비워내는 연습이 필요하다 95
그대에게 의연해지기 96
사랑과 이별은 같은 이유를 가지고 있다 97

Ⅳ. 그리고…

그리고… 겨울바다 100
안녕히 가십시오 101
(어머니) 감사합니다 102
청춘예찬(青春禮讚) 103
바람이 운다 104
왜 자꾸 거꾸로만 갈까? 105
예그리나 106
내고향 107
그대 닮은 가을이 온다 108
샤스타 데이지 109
일상 110
인생회한 111
그대여, 이 봄이 갑니다 112
또 목련꽃은 피는데 113
넋두리 114
내 인생의 사월(부제 : 벚꽃) 115
문득 그곳에서 116
못난 후회로 부르는 이름 117
강릉가는 길 118
"외눈박이 물고기의 사랑" 119
그대에 대한 욕심인 것을 120
십이월에 적은 낙서(落書) 121
망한지동[忘寒之冬 : 한기를 잊은 겨울] 122
끝자락 어딘가에 123
반쪽짜리 내 가슴 124
고구마 꽃 125
양귀비꽃이 피었다 126
습관처럼 127

I
사랑 그리고 설렘

나 너가 참 좋다

나, 너가 참 좋다
너의 그 파란 비누냄새가 좋고
너의 그 하얀 미소가 좋고
너의 그 투명한 마음이 좋고
너의 따뜻한 눈물이 좋고
너의 편안한 목소리가 좋고
너의 사랑하는 마음이 좋다

나, 너가 참 좋다
나의 가슴을 따뜻하게 해줘서 좋고
나의 아픔을 이해해줘서 좋고
나의 위트를 즐겨줘서 좋고
나의 눈높이를 맞추어주어서 좋고
나의 소중함을 감사히 해줘서 좋다

나, 너가 참 좋다
그리워할 수 있어서 좋고
함께할 수 있어서 좋고
같이할 수 있어서 좋고
너이기에 좋다

나, 너가 참 좋다

어느날

어느 날이라는 말,
약속하지 않아도
어느 날… 그렇게 만나고…
어느 날… 그렇게 헤어지기도 하고…
어느 날… 문득 생각하기도 하고…
어느 날…

그래서 그런가 어느 날이라는 말이 참 좋다

한참 만에 걸려온 낯선 번호에 문득 설렘이 있었던 건…
그대 보고픈 그리움 때문이리라…

건강하다고 해서 넘 좋았고…
행복하다고 해서 넘 좋았고…
잘 살고 있다고 해서 너무나 기분이 좋은…

그렇게 소리 없이 옆에 있으면서
가끔 그리워해주고
소식 전하고 살다 보면
어느 날
만나지는 날이 오겠지…

내게서 넌,

너를 만난 첫 느낌은?
새옷을 입은 어색함이었어
내 것이긴 한데
내 몸엔 어색한
그래도 마냥 좋은 그런 느낌?

시간이 이만큼 흘러버리고

지금의 넌?
아주 편안한 신발 같아
험한 길 위에서 날 보호해주고
행여, 힘들세라 편안함 주고
꼭 맞아 편안한 그런 느낌

시간이 더 흐르면?

넌 내게 바람 같은 사람이었으면…
꼭 머무르지 않아도
내안에 흐르고
늘 나와 같이하는 바람 같은,
그런 느낌이었으면 좋겠어

특별한 무언가 있다

특별한 무언가 있다.
그대에겐
바라만 보아도 떨리던 가슴이
눈을 감으면 그리운 가슴이
생각만 해도 행복한 가슴이

특별한 무언가 있다.
그녀에겐
시간을 재며 기다리던 설렌 가슴이
작은 손짓에도 콩닥이던 가슴이
맑은 미소에 어찌할 바를 모르던 가슴이

특별한 무언가 있다.
우리에겐
헤어지고 돌아선 첫 걸음에도
보고픈 가슴이
맞잡은 손 놓기 싫어
헤매이던 아쉬운 가슴이
사랑한다 사랑한다 속삭이던 가슴이

특별한 무언가 있다.
사랑에겐,
보고파 가슴 저미던 그 이름에도
눈물 나게 아름다운 그 미소에도
전화를 끊고도 듣고 싶은 그 목소리에도

분명, 특별한 무언가 있다.

오늘 우린, 사랑해야 한다

가슴이 시리도록
그리워하다가도
작은 이기로 헤어져 버리는 사랑들.

냉정히 돌아선 시간 귀퉁이에서
후회로 흐느끼는 이 밤들도
결국은 지나가는 과거일 뿐.

담담히 견뎌낸 시간도
설픈 아련함으로
무너지고 말 가슴.

그렇게 사랑했고
그렇게 아파했다.

우리에게 시간은
오늘을 위한 어제
내일을 위한 오늘
존재하고 잊혀지고
또 기억되어지고 말 그것.

내일을 후회해도
오늘 우린,
열렬히 사랑하고
가슴 시리도록 그리워하고
멈추지 않아야 한다.

그래도 모른 척

어쩌지?
들킬 것 같아
이 가을이 채 오기도 전에
저 산 단풍이 봉숭아 빛 물들기 전에
내 마음을 들킬 것 같아
널 보면 설레이는 이 표정,

어쩌지?

짝사랑 개론

짝사랑 1.

다가갈 자신이 없네요
늘 그 자리에 계신 당신이
먼발치 그림자만으로도
이 가슴에 넘쳐,
홀로 벅차만 합니다.

짝사랑 2.

얼마나 더 다가갈 수 있을까요
얼마나 더 이 마음을 숨길 수 있을까요
그저 그대 옆이라도
슬퍼도 감사하다는 이 마음은
내내 그리움만이라도
행복합니다.

짝사랑 3.

시간이 되었습니다.
그렇게 그대가 오실 시간이
한 번은, 두 번은, 멀리라도 비칠까
서성이는 이 마음은
아파도 사랑입니다.

짝사랑 4.

고백하지도 못하면서
혼자 수만 번 되뇌던 이 말,
끝내 전하지 못하겠지만
어느새 메아리 되어
내 안에 머뭅니다.

짝사랑 5.

그게 무에 어렵다고
사랑한다는 이 말 한마디가
사랑하자는 이 말 한마디가

짝사랑 6.

쉽게 건네지 못하는 두려움
한 번도 용기 내 하지 못한 이 말은
'사랑해'가 아니라
'안녕'인 것은
바보 같아서일까

짝사랑 7.

백 번을 망설이고
천 번을 망설이고
용기 내 잡아 본 그대 그 손이
겨울눈처럼 차가운 것은
그대가 긴장한 것일까
내가 뜨거운 것일까

짝사랑 8.

얼마나의 시간이 흘렀는지
얼마나의 시간이 흘러야 하는지
끝난다 하지도 못할 이 갈등이
정말 끝나 버릴까 두려워하는
내 마음은 무얼까

짝사랑

어쩌다 내게서 그대는,
과감히 '그러하자' 말하지 못할
외사랑이지만,
먼발치 그대와 같은 공간에서
설레이며 기다립니다.
설레이며 그대 곁을 맴돕니다.
나의 사람이 아니지만
우린 그럴 수 없지만
바보처럼 기다리는 못난 가슴 들킬까
가슴 졸이며 미소 짓는 나는
슬프지만 기쁩니다.

먼발치쯤 어디서
또 어떤 말을 건네줄까
기다리는 이 마음은
바람만 불어도
먼발치 그대 그림자만 보여도
떨리는 이 가슴,
오늘도 설레이며 그대를 기다립니다.

흐노니*

가을달 져내린 고갯치 정상에
바람탄 야생꽃 밤새워 울더니
어느새 내앞에 못잊은 사랑이
낙엽진 계절안 그리움 병처럼
밤새워 그대를 애틋이 찾는다

그대를 그리며 오롯이 지샌밤
찢어진 가슴안 서러운 눈물도
그대만 본다면 무에가 힘들까
애가난 시간만 내안에 흐르고
보고픈 그대를 가을에 담는다

새벽녘 잠못든 한밤의 가을이
어지런 걸음에 그대를 향하고
몇번을 다잡아 가슴을 세워도
결국엔 시원히 그대볼 용기도
이계절 그래도 여전히 그리워
그대만 내안에 흐놀고 흐논다

* 흐노니 : "누군가를 몹시 그리워 동경하다"의 순수 우리말

사랑하라 합니다

사랑하라 합니다.
그대 함께 있는
이 순간을
당연시 하지 않으며
영원을 기도하듯
그렇게 그대와 함께

사랑하라 합니다.
시간이 흐르고
서로가 최선이지 않아도
곁에 있어 주는 것만으로도
행복할 그때를 위해

사랑하라 합니다.
결말을 정하지 않아도
무언갈 기약하지 않아도
이유 없이 마냥 좋은
이 감정을 위해

사랑하라 합니다.
내게서 그대가 최선이고
그대에게서 내가 최선이고
우리에게서 우리가 최선이게

사랑하고
또 사랑하라 합니다.

사랑도 용기가 필요하다

슬픔에 겨운 눈빛으로,
내내 하지 못한 몸짓으로,
아주 조금만 더 네게
다다르기를 희망해 본다.

무엇이 정답인지
또 어찌해야 옳은 것인지도
모른 채, 망연(茫然) 흘려낸
긴 날들의 내 시간들…

늘 심약했던 스스로를 탓하며
정작 마음 한마디 건네지 못했던
무력함이 날 선 그리움 되어
가슴 한편 미련으로…
반쪽짜리 내 가슴을 후비고

끝내는 이렇게 인생이 마쳐지고
끝내는 이렇게 이 고통도
무뎌져 가겠지만

그래도 한 번은…

한 번은 건네 보리라
나보다 널 더 애틋해하는
이 미련한 사랑을 위해,
용기 내어 건네 보리라

사랑대담

묻습니다.
자기가 왜 좋으냐고
대답합니다.
나도 그 이유를 알고 싶다고
그렇게 시작된 서로가
사랑한다 하고
보고싶다 하고
그리웁다 하고

묻습니다.
우리가 처음 만난 그날을 기억하느냐고
대답합니다.
그 첫만남 내 얘기 전부는
같이하자고
오래 같이하자고
그렇게 시작된 서로가
애틋함에 빠져들고
사랑에 빠져들고
행복에 빠져들고

묻습니다.
진정 온전한 사랑이 아니어도 괜찮으냐고
대답합니다.
전부가 아니어도 좋으니 좋은 사람으로
좋은 관계로 오래 보는 서로가 되자고
그렇게 시작된 서로가
같이 시작한 시간을 보내고
같이 시작한 한 달을 보내고
같이 시작한 일 년을 보내고

묻습니다.
이제는 무얼 할 거냐고
대답합니다.
오래오래 행복해 보고 싶다고
그렇게 시작된 서로가
지금 함께하려 합니다.
지금 사랑하려 합니다.
이렇게 묻고
이렇게 답하며
지금 사랑을 시작하려 합니다.

사랑… 시간에 흐르다

한 남자가
한 여자를 만났습니다.
오늘을 사랑하고
내일 또 사랑하고
분명 어제와 같은 사랑을 하였는데
오늘 더 그대가 그립고
내일 더 그대가 그리운
우리 사랑은 커가는 풍선과 같습니다.

한 남자가
한 여자를 만났습니다.
오늘을 사랑하고
또 내일 더 많이 사랑하고
분명 어제도 사랑했고
오늘도 사랑하는데
가슴 가득 벅차기만 한
우리 사랑은 바람과 같습니다.

한 남자가
한 여자를 만났습니다.
오늘을 사랑하고
내일을 사랑하고
분명 어제도 설레었고
오늘도 설레었는데
어찌 흐르는 시간에 이 사랑이
더 설레어만 가는지,
우리 사랑은 봄날과 같습니다.

오늘을 사랑하고
내일을 사랑하며
한 남자가
한 여자를 만났습니다.

사랑… 바람에 흐르다

이 삭막한 세상에
멈추지 않는 시간처럼
사랑도 바람으로 흐른다.
애틋한 이 가슴 안에서
내게서 네게로
네게서 내게로…

쉼 없는 자맥질로
보여지는 소중한 이 사랑에,
아름다운 봄꽃도 담고
시리도록 눈부신 백설(白雪)도 담고
그러다 맺혀진 새벽녘 이슬도 담아내고

그저 아름다움만이길…

사랑이 바람처럼 흐른다.
죽음처럼 강렬한 이끌림으로
아니면 될 수 없다는 신념이
서로에게 다다르게 하고
상념 흩어져 무너지는 순간에도
갖게 될 미련들이
영혼 깊이 생채기 내고
아물지 않을 상흔으로…

어디로 흘러도 좋을 내 사랑이여
세월의 끝에 다다라 알게 될 그것이
살아온 삶을 전부인 양 호도하여도
끝끝내 멈출 수 없었던 사랑으로의 질주는
그 자체로 행복했음을 추억하고
이 삭막한 세상 안에서
그대에게 바람으로 흐르리라.

사랑도 그러하다

언제고 한번은 고백도 해야하고
그렇게 밤새워 아파도 봐야하고
그리워 헤매다 눈물도 흘려보고
설레인 가슴속 떨림도 행복하고
바라만 보아도 그렇게 좋은 것이
어쩌나 그대가 내게는 사랑인걸
소중히 간직한 그대를 불러놓고
부끄러 가까이 가지도 못하면서
조바심 애태워 나만을 봐주기를
한번은 많을까 두 번도 모자랄까
불러도 불러도 그대는 웃음만이
그대를 그리는 이모든 의미속에
이순간 내게는 널향한 사랑이라

너는 나의 전부였다

겨울밤 흐르는
차가운 달빛에
서리꽃처럼 하얀
너의 사랑이 피고
한줌의 햇볕도
대지의 차가움에 녹는
겨울 눈꽃처럼
내 옆에 피어난 너는

너는 나의 전부였다.

살을 에일 듯 시린 바람 끝에
위태로이 매달린
그 날카로운 아픔처럼
내게 슬픔이었더라도
해진자리에 내려앉은
칠흑 같은 어둠,
그 막막함에 무너진
슬픈 답답함이었더라도

너는 나의 전부였다.

꽃처럼 피어난 이 겨울도
그렇게 다시 올 봄의 기대도
이 밤이 걷히면 맞이할 아침도
그 어둠에 빛나줄 달빛도
시린 바람 끝 내 품의 그대 체온처럼
지난 시간에도 또 주어질 시간에도

너는 나의 전부였다.

무엇이 되든

내가 누군갈 사랑한다면
그 사람이 당신이길 바랍니다
내가 보고 싶어 지새는 밤들도
그저 그대 그리움이 이유되어지길
죽을 듯 사랑하고 보고파 아파하고
그리워 눈물인 시간들도 있건만
그 망각의 뒤로 사랑하지 못하고
무너진 가슴 그늘에서 슬피 우는 바보

얼마나의 밤이 흐르고
얼마나의 그리움이 쌓이고
그렇게 죽기로 참아온 그대 잃은 삶이
회귀의 그것처럼 거스르지 못하고
결국 서로에게 흘러지길
시선 끝 머문 곳에 그대가 있고
그대의 호흡 끝에 내가 있도록
사랑하고 사랑했고,
그리고 그리워하고

가슴 안 보듬던 지금이
아픔처럼 멍울졌어도
시간이 지난 뒤에도 사랑이었다는 걸
그대도 나도 반듯이 알게 되리라는 믿음,
그것이 지금 무엇이든
내가 그리고 그대가 해야 할 일이리라

그댄 내게서 사랑이 되었다

어둠도 졸음에 힘겨운 밤
멀리 산중에 가린 달빛은
겨우내 내 창에 달려
아침을 기다리고

이렇겐 되지 않는다던
그대 향한 마음은
우리에게 현실이 되고
펼쳐놓은 시집 위로
사랑 가득한 아침을 맞는다.

자몽 향이 가득한
그대가 보낸 사인에
최면에 걸린 듯 이끌린
내 고백은,
그대에게 사랑이 되었다.

그리워하면 만날 수 있다던가
그대 그리워 지샐 이 밤들이
켜켜이 쌓이고 나면
시나브로 그대에게 젖어들고
어느새 난, 그대 앞에 서 있다.

꿈인가 싶은 그대이면
그저 깨지 않는 꿈이기를
바라고 바라는 이 마음…

그댄 내게서 사랑이 되었다.

그대를 위한 詩

비 내리던
새벽녘 그 미련이 걷히고
파란하늘 안,
하얀 저 구름에
달맞이꽃 노란 향 실어
바람 같은 칠월의 오늘엔
상념 그리운 그대에게
시를 씁니다.
한 줄엔 그 하늘을 담고
한 줄엔 그 향기를 담고
그저 '그리웁다 그리웁다'
노래하는 맘으로
비 내리던 그 밤을 잊은
그대와 나에게
사랑도 담아내고
애틋함도 담아내어
그 하얀 그대 손 위에
이 시(詩)를 보냅니다.

그대를 만났습니다

손끝을 아리던
찬기가 목뒤를 스치던
시월의 늦가을 그때쯤
나는 그대를 만났습니다.
눈이 부시게 바람도 싱그러웠고
산중 어디쯤 단풍도 물들어가던
참 오랜만에 행복한 시월이
어느새 내게 들어와 있습니다.
그저 가을은 아무 이유 없이
슬픈 시간이었던 내내
알지 못했던 눈부심으로…

그렇게 사랑해야겠다

언젠가부터
함께라는 단어가
부담스러워지고
혼자에 익숙해져 갈 즈음
우연히 거울처럼 마주한
우리의 어색한 당황과 후회…

죽기 살기로 사랑했고
그리워 지샌 밤도 있으련만

사랑한다는 말보다
보고프다는 말보다
같이 있어 행복하다는
그 말이 좋아 설렜던
그 시절도 잊고,
무어라 정의하지 않아도
마냥 좋은 그대 맘에 떨렸던
그 시절도 잊고,

세월이 우리 곁을 지나고
그대가 또 내가 그저
담담함으로 마주한 시간 속에서야
느끼게 되는 설렜던 이 아이러니함…

잊고 있었다
우리는 늘 옆에 있었다는 것을
곁에 있다 말하지 않아도
그저 곁에서 머물러 주었다는 걸

무심했던 서로에게 원망도 하련만
또 그렁한 눈빛으로
미소 지어주는 다독일 우리의 사랑,
더 열심히 사랑해야겠다
더 열심히 알아주어야겠다
그렇게 사랑해야겠다

그대는 사랑입니다

해너미 그림자 긴 그날
산턱 비늘구름이
주홍빛에 젖고
뉘엿 넘어오는 샛별에
또 그대 그리워
지샐 밤

한참을 망설이던 달빛
아련함으로 그려낸 9월에
보고 싶은 사람이 생겼습니다.

내내 곁에 두고도
그리움 새기지 못하고
내내 함께하면서
알지 못했던…

그리워만 하는 이 가슴도
의미 없었던 손짓… 그 몸짓도
어느새 넘칠 만큼 가슴을 채우는
그대는 내게
사랑입니다.

그대가 난 참 좋습니다

눈이 시린 겨울 볕
그 하얀 바람 속에서
그댈 만났습니다.
새벽 서리꽃을 단 가지새
햇살도 비쳐 반짝이던 그날…
망설임 담아 내민
떨리는 손을 잡아주던
그대가 난 참 좋습니다.

조용히 다가와
내안에 들어선 그대로
사랑은 아픔이 아니고
행복이라 속삭여주고
오늘은 어제보다
더 사랑을 하자며 웃어주는
그대가 난 참 좋습니다.

사랑한다 속삭이던 그대 숨결에도
설레어 얼굴 붉히던 이 마음도
밤새 그리워 눈물이 났다던 그대 마음도
지금보다 더 커져갈 우리의 시간도
함께여서 행복함을 알게 해주는
그대가 난 참 좋습니다.

내가 그대에게 그렇게
그대가 나에게 그렇게
전부가 되어가는 동안
내 마음을 읽고 발걸음을 맞춰주던
사랑받고 있음을 감사할 줄 알던
그대가 난 참 좋습니다.

그대가 온다면

사랑하는 그대여
꽃처럼 예쁘게 오세요
바람너울에 헝클어진 머릿결도
곱게 빗어내고 그렇게 내게 오세요

사랑하는 그대여
밤새 나린 이슬처럼 예쁘게 오세요
어둔 빛 그 안에서도 빛나는,
저 달만큼이나 따뜻한 빛으로
가만가만히 나에게 나려주세요

사랑하는 그대여
설렘 가득한 그대 보면
어찌 행복하지 않을까요
그대 생각만도 이리 좋은 걸
어찌 사랑하지 않을까요

사랑하는 그대여
봄 햇살 그 눈부심처럼
살짝이 흔들리는 저 꽃잎타고
사랑스런 그대 향기,
그대임을 알 수 있게
그렇게 어여쁘게 내게 오세요

그대 그리움 내게로 온다

뜨거운 햇살 팔월 그 계절에
그늘로 도망간 바람 찾아
가지 끝 머문 해 자리로
구름이 맺혔다.

팔월 짙은 그 밤에
밤새 어둠이 만진 자리,
끝내는 그것도 미련이라
안개로 아침을 가리고

동튼 이 새벽,
그대 향취 흥건한
형형히 피어난 들꽃들도
저만치 발소리에
숨죽여 설레하는 시간…

이 가슴 가득 고여지고
이 대지 가득 나려지는
그대 그리움이
아침 해를 타고
내게로 온다.

고백은 독백처럼

하루가 저물고
또 새날을 기다리는 마음,
헤어지고 돌아선 걸음에
또 만날 설렘을 담는 것,
누군가 사랑과 이별은
같은 이유를 가지고 있다고 했다.

그대를 사랑하는 마음과
그대를 보내야 하는 마음과
그 괴리 속에 망설이다
종내 결정해야 하는 시간,

백 번을 고민하고
천 번을 고민해도
말 한마디로, 글 한 줄로
정의되지 않는 그것,

건네지 못해 슬픈 순정은
아련함을 짓게 하고
사랑한단 그 말이
차마 입술 끝에 떨어지지 않는…
고백은 독백처럼 가슴을 맴돈다.

사랑해 사랑해 사랑해

그때,
당신이 내게 사랑을 고백하던 그때
세상은 참 이상하리만치 고요했었어
그 흔하던 바람 한 점 없었고
그대가 내게 사랑한다 말해주던 시간엔
함께였던 시끄러운 카페 음악도 적막이고
세상을 살아내던 군상의 이기도 적막이고
요란하기만 하던 햇살의 부산함도,
내게 그냥 당신의 목소리만 들렸어
사랑해
사랑해
사랑해

바다가 보이는 곳에서

그대와 마주한 창 넓은 커피숍에 앉아
카페 스피커를 타고 흐르는
그대 파도소리를 듣습니다.
눈감아도 속삭여지는
그대 사랑소리처럼
향 좋은 이 아침
아메리카노 커피 향을 타고
그대의 향기를 맡습니다.
그냥 함께여도 좋은 이 마음
저 파란 파도에 실어
그대에게 보냅니다.
사랑한다 속삭임도 싣고
고맙다는 감사함도 실어
그대에게 밀려가는 파도에
나를 보냅니다.
그대와 함께 있는 지금이 좋습니다.

감사한 사람

바람에 쓸리고
빗물에 젖어
흐르듯 떠밀려가는
세월 속에서
해가 바뀌어도
꿈처럼 흐르던 바람이
가슴에 앉고
홀로 우는 밤이 아파
내내 아침이 오기를 바라고
또 바라는 마음으로
하루를 시작하면
눈물 나게 보고파도
가슴 아픈 그리움도
설레어하던 마음도
아침 해 허공에 부서져
그대 사랑에 닿는 이 아침을
난 그대에게 감사해한다.

그대 목소리가
귀를 간지럽히고
떨리는 따뜻함으로
맞잡은 손끝에
사계가 흐르고
기다리는 마음에
홀로인 시간도
행복함인 내 일상이
이별을 기억하던
내 진부했던 사랑도
어느새 그저 희미한
추억이 되어 버리고
함께한 시간이 기쁨으로
그대에게 다다르는 내 하루,
난 그대에게 감사해한다.

더 그대를…

그대를 그리며 말합니다.
처음 본 그때보다 더
사랑하는 지금보다 더
시간이 지난 뒤 그때 더
사랑했다고
사랑한다고
사랑하리라고

그대를 보내면서도 하지 못했던 그 말,
지난 그 시간의 후회가
미련처럼 날 덮어내는
이 밤, 이 공간에서
그대를 그리며 말합니다.

더
사랑했다고
내가 그대보다 더…

희망사항

매일 열렬히 사랑하고
매일 뜨겁게 그리워하고
그렇게 사랑하던
나와 그대에게도
촘촘히 얽혔던 감정에
이해가 생기고
바램이 생기고
섭섭함과 아쉬움이 생기고
각자 살아온 세월의 괴리와
각자 살아가는 방식의 괴리가
만들어낸 틈들이
어느새 담담한 여백이
되어 버렸다.

항상 좋은 날만을 기대하진 않는다.
항상 행복한 시간만을 기대하진 않는다.
결국 자연의 섭리처럼
높은 곳에서 낮은 곳으로 흐르는 것도
우리의 감정인 것을
사랑에 평등을 주장하지 않듯이
우리도 그러하리라.

매일 열렬히 사랑하고
매일 뜨겁게 그리워하고
그렇게 사랑하던
우리에게 생겨 버린 이 여백이
믿음으로 채워지길
사랑으로 채워지길
그렇게 함께하는 동안
단단히 굳어지고
단단히 결속되어
더 아름다운 우리가 되기를
난 바래본다.

II
사랑 그리고 이별

이별선언

멀리 가자는 것도 아닌데
그저 함께 가자는 건데
무얼 하든 어디에 있든
그저 함께…

그것이 어려워 고민하고
그것이 두려워 망설이고
그렇게 우린 그저 서로를
바라만 보는 사이가 되어 버렸습니다.

고쳐지지 않는 버릇처럼
각자의 시간에 너무 적응하고
결국 서로에게 자신을 버리지 못한
무지함이 후회를 만들었나 봅니다.

그러니 우리 이제 멈추어야 합니다.
더 멀리 가지도 못할 이 자신감으로
더 잘해줄 자신도 없는 마음으로
아프고 아파하다 스러질까 두려울 바에야
우리 그냥 행복할 때
우리 그냥 아름다울 때
우리 그냥 담담할 때 이렇게…

결국 나를 버리지 못한 이기심에
그대에게 상처만 입고
결국 나에게만 바라던 욕심에
나에게 상처만 입고
서로 아파하며 바라보던 불편함을
더 이상 지켜볼 용기가 없기에,

더 아파지기 전에 우리
여기서 멈추어야 합니다.
이 가을이 다 가기 전에
추운 겨울이 더 오기 전에

이별 앞에서…

당신 홀로 두고 갑니다.
돌아서면 영영 멈춰 버릴까
끝내 이 눈물 보일 자신이 없어
무거운 걸음 간신히 이끌며
돌아보지도 못하고 갑니다.

날 바라보고 있을 그 눈빛
차마 볼 자신이 없어
울고 있는 눈물을 들킬까 봐
어둠 진 그늘을 걸어
그대 등 뒤로 돌아갑니다.

또 언제이려나 기약도 못 하고
잘 있으라 인사도 못 하고
독감처럼 뜨거운 육신에도
담담한 척 가야 하는 이 절망감
그렇게 그대에게 멀어져 갑니다.

얼마나 시간이 있어야 할지
얼마나 그대를 그려야 할지
생각하면 두려운 한숨뿐이고
그대도 그럴진대
참으로 못난 우리 되어
당신 홀로 두고 갑니다.

이별이란

너와 내가
'우리'였을 때는
결코 느낄 수 없었던
아픔
같은 꿈을 꾸고
같은 이야기를 하고
같은 음악을 듣다가
어느 샌가
다른 꿈을 꾸고
다른 이야기를 하고
다른 음악을 들으며
알게 되는 눈물
어느 누구도 짐작할 수는 없지만
바라지도 않게
불쑥 우리 앞에 다가와
서로에게 벽이 되는 이름

어쩌면 우리 같습니다

그대, 눈이 내립니다.
미처 이 계절을 보내지도 못했는데
내게서 그대가 그랬듯이 서둘러 다가옵니다.
기다려 달라는 말, 기다리겠다는 약속
그대에게 채 전하기도 전에 그렇게
내어지고 떠나는 이 계절이 어쩌면 참 우리 같습니다.

그대, 눈이 내립니다.
어쩌면 봄이 오는 시간에 눈이란
그저 스침일 수도 있는데
내게서만 그런가요 이렇게도 아픈 것은…
아마도 우리의 그리움도 이러할까요?
그저 만나고 헤어지는, 그런 시간의 과정일 뿐인데도
영영 두 번 다시는 없을 듯한 이 처연함이란…
참 그대 향한 나의 모습 같습니다.

그대, 눈이 내립니다.
미처 이 계절을 보내지도 못했는데
그대에게서 내가 그랬듯이, 서둘러 다가와
기다리겠다는 말, 기다려 달라는 약속,
그대에게 채 전하기도 전에 그렇게
떠나는 이 계절이 어쩌면 참 우리 같습니다.

잊어야 합니다

이젠 슬픔을 접어야 합니다.
우리의 사랑은 추억 속으로
묻혀 버렸으니까요

가슴이 알알이 쓰려올 때면
우리는 그 추억을 보듬으며
아픈 미소를 띠우겠지요

이젠 우리의 눈물을 지워야 합니다.
가슴이 터지도록 벅찬 사랑이었어도
시간이 다 되었기에
우리는 잊어야 합니다.

어쩌다 지나치게 될 당신의 모습조차도
이젠 멀리서 바라보는
우리가 되어야 합니다.

어쩌다 길가에 핀 풀꽃에서도
묻어날 당신의 모습이지만
무심한 시간의 탓으로
우리는 잊어야 합니다.

꽃이 피고, 살랑이는 바람에
따뜻한 햇살이 눈이 부셔도
가슴 아픈 추억이기에
이젠 지워야 합니다.

영원한 시간 속으로
그렇게…

상념(想念)들

1.

자고 나면 또 한계절의
틈바구니에 서서
방황할 초라한 가슴 하나
힘겨운 발걸음으로
가을 새벽을 걷는다.

2.

그렇게 떠나는 계절에
그대 역시 가려네
서럽다. 붉은 잎 지는 대지에
그대가 간다. 슬픔이 떨어지고
바다 건너 채워지는
이 찬바람을 타고
멀리 가려 하는 그대에게
슬픈 내 마음도 전해주길

3.

어두워진 가을밤,
한기 머금은 바람 끝에
차디찬 달빛도 저물고
그리움에 흐느끼는
애달픈 연정 하나
밤새워 그대를 불러 본다.

4.

그대가 묻네요
타인이 무어냐고
지금에야 그 답을 알았습니다.
그리워도 그리워할 수 없고
가까이 있어도 만질 수 없고
부르고 싶어도 부를 수 없고
보고 싶어도 볼 수 없는…
지금 우리가 타인입니다.
잊어야 합니다.

내겐 눈물입니다

아직도 눈 안에 있습니다.
당신의 그 뒷모습이,
스산히도 날리던 은행잎 길을
묵묵히도 앞서 걷던
그대 어깨가…

아직도 귓가에 있습니다.
이젠 영영
내 앞에 설 수 없을 거란
그대 말 한마디
아주 잊으라던
그 가을 떨림이…

아직도 내 손에 있습니다.
한번만 더 잡아 달라던
그 손의 체온이
내게 안겨 전해 오던
목덜미의 온기가…

아직도 내 가슴에 있습니다.
'사랑한다' 억만번 더해도
모자랄 그 아쉬움이,
'안녕'이란 말 아직도
못 믿을 말 한 마디가,
아직도 내 가슴 안에…

그대를 생각하면
이 가을이
내겐 눈물입니다.

눈물… 그리고

무엇이 그리움일까
가슴 터질 듯 벅참에
울컥 쏟아내는 눈물이 그럴까
그 따뜻한 체온이 그리워
차가운 길 위를 방황하는 바람이 그럴까
기다리마 약속에 내내 홀로인
그대 미소를 그리는 이 밤이 그럴까
내게 그대 그리움은
그냥 눈물뿐인 것을
한참을 아프고야 알았다.

파도처럼

긴 시간을 말없이 두드려 봅니다.
여운 없이 가슴만을 후벼 파는 고통 앞에서도
불평조차 하지 못하고
그렇게 당신 가슴을 두드려 봅니다.
돌아서 오지 못하는 먼 길을
당신 앞에만 다가와 봅니다.
당신 앞에 부서져 하얀 눈물로
잊혀 떠나가도
긴 시간을 외로이 다가가 봅니다.

그대 슬픈 침묵

아무 말 하지 않고
그냥 돌아서
가시는 당신의 어깨에
떨림을 봅니다.

마냥 좋기도 하였고
기다림에 까맣게 멍도 들었고
설렘에 하얀 밤 지새도
좋기만 하던 당신이

이제는 말없이 돌아서
가십니다.

분명,
붙잡아야 하는 건데
차마 손을 내밀 수가 없는 건
아무 소용없음을
너무 일찍 알아서일까요.

눈물 가득한 내 안에서
아무 말하지 않고
그냥 돌아서
가시는 당신의 어깨에
떨림을 바라만 봅니다.

떠난 네가 못내 그리워서…

詩 한편 지어놓고
소주 한 병을 비웠다
담배 첫 개비는
사랑이라기에…
그렇게 한 갑을 피워 버렸는데
너는 아직도
내 눈가에만 맴돌고
난 또 눈물을 흘려야 했다.

떠난 네가 못내 그리워서…

널 생각하면

그리움은 사랑의
또 다른 이름이라 했던가
사랑을 할 때도
이토록 가슴이 아팠던가
너 떠나고 남은 이 자리에서
그리워만 하는 내 가슴이 아프다
사랑의 또 다른 이름이라는데
내 사랑도 그러했나
그대를 생각하면…

그리움은 사랑의
또 다른 이름이라는 말
믿지 않는다

이토록이나
가슴이 아프기에
그리워하는 건 내게
믿음 없는 종교 같다

널 생각하면
난 가슴이 아프다

부디…

사랑한다 했다
그리웁다 했다
그래서 가슴이 아프다 했다

영영 손 맞잡을 그날
끝내 이생에 허락되지 않더라도

아,
사랑이여 목 놓아 외치다
지친 나의 불쌍한 사랑이여

영겁의 시간이라도
만날 수만 있다하면
기다리겠노라는
내 이 서약쯤이야
백 번은 못하고
천 번은 못할까마는…

부디 간절히 기도한다.
그대의
온다는 약속만으로도
지치지 않고 설레해주길…

그것이 내 삶의 힘이길…

부디…

비워내는 연습이 필요하다

바람이 차가운 겨울 새벽
잎도 져 내린 마른나무 끝에
이름 모를 별이 달렸다.
크리스마스 트리처럼 화려하진 않지만
찬 어둠 안에서도
단단히 견뎌낸 겨울나무,
마지막 잎새 마냥 가지 끝에 별 하나 달고
슬프도록 눈이 시린 아침을 기다린다.

설레던 가슴도 그렇게 떠나지고
그리워 사무칠 여명도 슬픔이 된,
떨리던 가지 끝 미련처럼 부여잡은 어둠이
여명 뒤로 물러나는 시간
겨울나무 끝에 그대 별 하나가 걸리었다.

알 수도 없는 기나긴 외로움과의 싸움들
그저 멀리에 있는 시간과 그대 없는 공간,
그렇게 다른 세상을 살아내는 이기로
그대가 그랬듯 내게 다가와
이 밤, 별이 되었다.

아침이 오고 어둠이 걷힌 공간에
당당히 버텨낸 의연함으로
겨울나무 끝 서녘별이 아팠던 시간을
이야기하면
멀리 돌아 결국 그 자리에 또 멈춰 버린
나의 시간과 마주한다.

이젠 보내야 한다는 걸 알아버린
눈 가린 마음,
미련처럼 마주한 그대 별 하나를 지워내고
덩그러니 홀로 남은 외로움이어도
겨울나무 한 그루
이 새벽에 남겨 두어야겠다.

그대에게 묻고 싶은데

대화를 하다가 문득
길을 걷다가 문득
글을 쓰다가 문득
밥을 먹다가 문득
그대가 생각났다
참 좋은 사람이었지
참 예쁜 사람이었지
참 착한 사람이었지
그대는 그런 사람이었네

커피를 마시다 문득
친구와 수다를 떨다 문득
쓰디쓴 소주 한잔을 마시다 문득
내 인생을 살아내다 문득
그대가 그리워 아픈 밤이 떠오르면
그대에게 아픔이었는지
그대에게 기쁨이었는지
그대에게 난 어떤 사람이었는지…

내 인생을 살아내다 문득
그대에게 묻고 싶네

그대가 보고프면…

문득 길을 걷다
그대 없음을 알게 되고
멈춰선 걸음에 그대 없는 길 위에
내가 울고 있으면 어쩌지?

문득 커피를 마시다
혼자임을 알게 되고
식지도 않은 커피를 놔두고
그 올드티비를 뛰쳐나오게 되면 어쩌지?

자몽의 씁쓸함
도넛을 달콤함
성시경의 노래
빨간 망토 차차
맛난 떡볶이에 꼬마김밥
삼겹살 열두 줄
따뜻한 그대 손등
귀엽게 재잘대던 그 입술
이 모든 것들이 생각날 때마다
그대 그리워 아프면 어쩌지?

이유도 없이
문득
그대가 보고프면…

난,
어쩌지?

너의 배려

이별을 직감해서일까
내내 서운함에
서로에게 상처를 주고
끝내는 미안함 없는 헤어짐을 하고
우린 타인이 되었다.

한동안 자유로움에
널 잊었다 믿었건만
언제부터인가 가슴 한켠이
아파오더니 이 주체할 수 없는
통증에 밤새 맥을 놓았다

무엇일까? 이것은
너 없이 뒤척이던 이 많은 밤들에
문득 생각난 너의 한마디…
"만약에 우리가 지금과 다른 모습이면
그래서 슬픈 밤이 오면…"
그랬지 잊고 있었던 너의 처방약,
"네가 보고파 달려갔던
5시간의 이 설렘을
내가 보고파 기다렸던
4시간의 이 기다림을
꼭 기억해줘…"

그렇게 건넸던 너의 이 말이
너 없는 시간을
너 없는 공간을
혹여 아파 울지도 모를
먼 미래… 지금 내게
너의 마지막 배려로 다가온다.

그대 곁도 스쳤으면

해너미 그림자 긴 그날
산턱 비늘구름이
주홍 젖고
뉘엿 넘어오는 샛별에
또 그대 그리워
지샐 밤,
한참을 망설이던 달빛
아련함으로 그려낸 시월에
보고 싶은 그 사람…
그리워만 하는 이 가슴도
내 나름의 사랑이라
머물 이곳도 낯설어지고
그저 바람처럼
그렇게 흐르다
한밤 어느 날엔
그대 곁도 스쳤으면

첫눈이 오면

첫눈이 오면
그대와 함께이고 싶다
따뜻한 아메리카노 한잔
그대와 마주하고
별로 웃기지도 않은 얘기에도
깔깔 거리며
그대 따뜻한 손도 잡고 싶다

첫눈이 오면
그대와 함께 걷고 싶다
아무도 밟지 않은 눈밭을 찾아
그대에게 첫 발자국 양보하고
시린 손 맞잡고 그냥 걷고 싶다

첫눈이 오면
제일 먼저 그대에게
데이트신청을 하고 싶다
평범한 일상이라도
보기만 해도 예쁜 그대에게
나의 첫눈을 보여 주고 싶다

첫눈이 오면
그대가 보고 싶다
더 오래 함께이자 했건만
결국…

그래도
난
첫눈을 기다린다.

나의 겨울로 갑니다

무엇을 할 수 있을까요?
그대가 무얼 원하시든
그대에게 얼마나의 시간이…
바보처럼 그대 뒤에서 울다
그대 사랑 하나가 갑니다.

그 뜨거웠던 한 여름의 태양은
아직 이 계절 끝, 내게 걸리었지만
이제 의연히 나의 겨울로 갑니다.

못내 잊지 못해 서러울까 두려워
채 약속도 못해 보고
한참을 그대 끝에서 서성이다
날 그리지 않을 그대를 두고
나의 겨울로 갑니다.

잘 지내라 하지도 못하는 소심함으로
잘 지내겠다 하지도 못하는 가슴으로
더 작아지는 내가 두려워
서둘러 나의 겨울로 갑니다.

그대는 날 잊겠지만
그대 때문에 행복했던 나의 시간
오래오래 가슴에 두고
이 계절 지나 나의 겨울로 갑니다.

이별… 그리고 아쉬움

바람이 불면
그래서 이 가을이 가버리고
눈 내리는 겨울이 오면
부쩍 추위를 많이 타는
그대와 하고 싶은 일들이
참 많았는데…

발이 시려도
새벽 아무도 걷지 않은
눈 위를 같이 걷고 싶었고
손이 시려도 꼭 마주잡고
옷 속 온기에 품어 녹여도 주고
바쁜 그대를 졸라
따뜻한 코코아 한잔도 같이 마시고
우울해하는 그대이면
우스꽝스런 눈사람도 만들고
그대 아프면
그대 좋아하는 빨간 딸기를
한아름 안겨주고
그대가 보고파 하면
꽁꽁 언 길 위를 달리고 달려
그대 앞에 나타나주고
혹시 슬픈 그대이면
밤새 품에 안고 위로도 해주고

바람이 불고
이렇게 가을이 가고
분명 시간은 지나고 있는데
이젠 그대에게 해줄 수가 없네
그대와 하고 싶은 일들이
참 많았는데…

눈물이 난다

스웨터 올이 터지듯
술 빠져나가는 감정들
사랑했다가도
사랑하다가도
주춤 밀어내 버리는 오해들
그렇게 일상은
부딪혀 깨지고 떨어져 나온
감정의 조각들을 맞추는 퍼즐,
심장에 박혀 버린 딱딱한 가시가
늘상 감정의 폐부를 찌르고 할퀴고
버티다 흘린 눈물로 또 용서하고
시간과 단절한 어둔 이 방안에서
무언가 거룩한 의식처럼
자행되어 온 너에 대한 미련은
끝내 허물어지고 또 사그라들
아픈 추억이고 사랑이었던 걸
가슴이 패이고 생채기에 피가 흘러서야
그건 사랑도 아니었다는 걸 알게 됐다.

눈물이 난다.

그저 이 아픔이 지나가길

바람 되어 흐르는
내 이 어지러운 감정들이
흘러 어디에든 닿겠지만
살아내는 인생에서 지금이란
기나긴 음율 속 그저 한줌의
쉼표처럼 갈무리되는 한 홉의 숨…

뭐하나 나을 것도 없는 인생에서
결국 서로에게 부담이었던 이 감정들이
미련 쓰고 붙잡던 서러운 눈물로
아쉬워 주저하던 그 미련의 발걸음처럼
죽자 사자 매달렸던 아집으로 남고
꺼지지 않을 듯 타오르던 이내 사랑들도
결국 다 지난 여름볕 마냥
쉬이 사그라지고 마는…

유수의 그 세월에
이 아픔도 찰나인데
그래도 못 견디게 아픈 이 시간을
어찌 해야 하려는지…

그대 날 잊어도 돼

우리가 사랑할 땐
내가 좋은 사람들과 있어도
갑자기 너가 무얼할까 생각이 나
내가 맛난 것을 먹을 때도
너와 함께 먹으면 좋겠다 싶지
내가 좋은 곳을 여행할 때도
너와 꼭 다시 와야지 해

하지만

우리가 이별한 후에
너가 좋은 사람들과 있어도
내가 그립지 않은 거야
너가 맛난 커피를 마셔도
너가 맛난 스파게티를 먹어도
내 생각이 나지 않을 수도 있고

하지만

너가 너무 행복해 웃음이 날 때
갑자기 내가 슬퍼 눈물이 나면
그땐, 우린 정말 이별한 거야
그건 우리가 남남이 된 거지

그러면
그때, 그대 날 잊어도 돼.

III

사랑 그리고 그리움

지금도 사랑하는데…

아름다운 사람, 그대와
서로에게 맞춰가고
각자의 우리가
특별한 사람이 되는 순간
그대는 나의 사랑이 되고
나는 그대의 사랑이 되었다.
그 세월 내내 사랑한 우리…
그렇게 소중했던 서로가 그리워
애끓는 나의 사랑이 울고 있다.

열렬히 사랑해도 느끼는 공허함과
서로가 아니면 죽을 듯 아팠던
가슴앓이의 시간이 남긴 미열…
아프다고 울지도 못하는 서러움에
그래도 떠나면 안타깝고
그렇게 그리움에 몸서리치는 이 밤에
애끓는 우리의 사랑이 울고 있다.

보이지 않는다고 없는 것이 아니고
보인다고 다 알아지는 것이 아닌 감정들…
어디로 흘러가든
어디에 머물러지든
그저 가봐야 알아지는 삶의 진리들,
누군가 그러하다고 정의 내리지 않아도
내게서 그댄
그대에게서 나는
꼭 그렇게 닿아질 사랑이길 바래본다.

후회가 남지 않도록

더 열심히 살아야겠다
당신을 사랑하게 되었으니…

더 열심히 사랑해야겠다
당신을 얻기 위해 애썼던 그때
그 감정들을 잊지 않게…

더 사랑받으려 애써야겠다
나보다 더 힘든 그녀가
세상에 무엇보다 내게 최고일 수 있게…

더 멋있도록 노력해야겠다.
당신의 옆자리가 부끄럽지 않도록…

더 당신을 애틋하게 대해야겠다.
당신의 그 사랑스런 애교를
더 많이 보도록…

더 당당해져야겠다.
당신을 대하는데 섭섭하지 않도록…

더 이해해야겠다.
당신이 힘들지 않도록…

더 생각해야겠다.
서로에게 후회가 남지 않도록…
서로에게 후회가 남지 않도록…

시간의 사이

제법 따스한 햇살로
파란 하늘이 녹아지고
그 청량함에
시나브로 가을인 듯,
멀리 저 산중에도
거닐던 이 길 위에도
눈처럼 가을이 나리고
나의 계절이 지나간다.

눈이 부시도록 빛나는 바람에
멀리로 밀려가는 대지의 수선함이
나의 시간에 가을을 남긴다.

내주고 떠나야
남게 되는 이 시간들이
가을이 되고 또 그렇게…

한낮의 그 온기마저
어둠에 식어 가면
그렇게 떨었던 가지 끝으로
무채색 서리가 앉고
손끝 닿은 유리창에
차가운 통증으로
참고 또 참아냈던
나의 계절이 지나간다.

옷새 여미는 차가운 바람에
단풍에 불붙던 산중의 화려함도
나의 시간에 성큼 이별을 맞고,

내주고 떠나야
남게 되는 이 시간들이
가을이 되고 또 그렇게 겨울이 된다.

남겨지는 시간과
떠나지는 시간…
지금 바람이 차다.

왜일까

이른 새벽
그대 그리워
밤새 가슴
보듬은 자리엔
하나 둘 이슬꽃이
돋아나고
너를 보내고
아픔으로 지샌
이 새벽 내 가슴은
아득한 눈물만이
맺히는 건
왜일까?

여운

내가 네게
의미를 말하기 전
그댄 이미 내게 바람이었다.

거침없는 숨결로 달려와
가쁜 숨 몰아쉬며
그리움 토하고는
영원 속으로 떠나버린…
부질없음이 주는 회한과
돌이킬 수 없는 감정의 아쉬움
그리고 흘러버린 시간.

내게 너는
그렇게 잊히지 않는
여운이었다.
그 길로 가자

저물녘 긴 그림자
슬픔 묻고 돌아서는

그길로 가자

은사시 나무 숨죽이며
별빛 새 소리 내린
어두운
그길로 가자

사랑하는 이 떠난
추억만을 지고
눈물져 떨리는
그길로 가자

남은 건 시린 공허,
멈추어지지 않는 시간,
그래도 우리
그길로 가자

무제 473

먼발치 어느 샌가
낙엽마저 쓸려 내린
시월의 새벽녘
밤새 귓전을 때리던
가을비 그 방울이
져 내린 가지 끝에
아롱 매달리고,

언젠간 잊어야 할
지난 이 그리움도
설움에 차마
눈감지 못하고
내내 뒤척이며
함빡 젖어버린 시간

그리해도 좋으니
이 새벽 가을비에
맘 잡지 못한
이 방황의 통증이
씻겨 사라지길
기도한다.

그래도 여전히 그립고
아직도 가슴 내내 알알 박힌
틈새마다 아련한 그대가
이 가을 새벽에도
가을비 타고 내게 내린다.

애달픈 가을 연가(戀歌)

가을이라는 단어에
괜스레 울적하던 때가 있었다
목뒤를 스치는 한기에도
도로 위를 구르는 낙엽에도
무너지는 가슴 한구석
알 수 없는 슬픔에
애꿎은 담배만 펴 물던…

내게서 가을은
그저
동굴처럼 긴 어둠이었다.

치열한 삶을 살아내는 시간에도
가을은 또 내 앞에 서고
담담할 수만 없는 이 감정들도
단풍이 물들듯 퇴색해져가고
그렇게 우린 나이 들어간다.

이 계절 끝자락 하얀 서리 위에서
나와 같이 흘러간 시간.
그 안에 머물렀던
나의 가을을 찾아본다

멈추지 않는 시간도
기다리지 않는 이 가을도
그래서 더 슬픈 이 계절도
담담히 기다리고
담담히 보내고…

그래도 이토록
애달픈 가을이
못내 그리운 건
왜일까

그대 안녕하신지요

그대
안녕은 하신지요
밤새 꿈에 그대를 그리다
새벽녘 잠깐 본 뒤로
내내 그대 안부가 궁금합니다.
행여 무슨 일은 없으신지
행여 어디 아픈 곳은 없으신지
걱정하는 마음이야 헤아릴 수 없지만
선뜻 그대에게 전화를 하지 못하는
이 못남은 여전하네요

그대,
그대가 애지중지 키우는 화원에
지금쯤 모감주 꽃그늘로
부들레야가 한 가득이겠네요
밤새 들이치는 빗줄기에
밤잠 설치고 나선 아침바람
코끝을 스쳐가는 향기로
함박 웃을 그대가 그립습니다.

그대
지난 그때던가요
그대랑 마주했던 커피숖
'올드티비' 테라스에서 듣던
'By Your Side'란 노래가 너무 좋아
선물해달라고 하시던…
그대 없이 거닐던 시내 어딘가에서
그대랑 듣던 그 노래가 나오네요
한참을 서성이다
또 그대가 그리워 울었습니다.

그대
우리 첫 만남 때 그대가 내게 했던 말
"그대랑 같이 있어도 그대가 그립다던…"
바보처럼 잊고 살았던 시간 속에서
아픈 가슴도 함께여야 행복했단 걸
부질없는 희망 안에서 깨닫습니다.
이젠 그 이름을 부르는 것조차
조심해야 할 우리가 되었지만
여전히 보고프고
여전히 애틋한 건
저만의 미련이겠지요

그대
무엇을 하든, 어디에 있든
나를 생각하든, 그러하지 않든
내게서 그대가 그러하듯
부는 바람 안에 그리움 담고
내리는 빗속에 아픈 눈물 담고
저 먼 달빛에 그대 새기고
그저 어쩌다가라도
그 우연 기다리며
잊히는 그날까지 서로를 기억해주길…

그 사랑을 위해

슬픔에 겨운 눈빛으로
내내 하지 못한 몸짓으로
아주 조금만 더
네게 다다르기를 희망해 본다.

무엇이 정답인지
어찌해야 옳은 것인지
고민만 하며 지낸 시간에서

늘 심약했던 스스로를 탓하고,
정작 마음 한마디 건네지 못한
이 무기력한 가슴이 미련으로 아파온다

끝내는 이렇게 내 인생이 마쳐지고
끝내는 이렇게 무뎌져 가겠지만
한번은 건네 보리라
나보다 널 더 애틋해했던
지난 그 시간 그 사랑을 위해

그럼에도

그대를 사랑한다 하면서도
그대 없이 못산다 하면서도
또 얼마나 사랑하나
그 무게를 재는 나는,
또 얼마나 사랑하나
그 농도를 재는 나는,
참 이율배반적인 사람입니다.

그럼에도

그대를 그리워한다 하면서도
그대 없이 못산다 하면서도
그 그리움 안에 전부를 던지지도 못하는 비겁함,
그래도 돌아서면 눈물인 이 그리움을
내내 놓지 못하는 미련함,
참 이율배반적인 사랑입니다.

그럼에도

내게서 그댄
그저 생각하는 것만으로도 가슴 설레는 사랑이고,
그저 부르는 것만으로도 노래가 되는 사랑이고,
그저 보지 못하는 눈물 한 방울 그리운 사랑입니다.

그럼에도

가을비, 그리고… 1

덩그러니 홀로 남았습니다.
내내 들이치던 가을비에 함빡 젖어
입동의 무게를 이기지 못하고
그저 홀로이 이 빗속을 헤맵니다.

아직 비워낼 준비를 하지도 못하고
당혹감으로 맞는 가을비에
정신없이 밀리고 밀려
그렇게 홀로 빗속을 헤맵니다.

이 비가 그치고, 비워낸 자리마다
찬바람 어둠에 씻겨 낙엽으로 물리고
시간의 저 뒤로 가을이 떠나갑니다.

더 버텨낼 시간도 없이 쓸려지고
때늦은 회한에 치기의 아쉬움도
가을비에 씻겨 저만치 비워지는 시간.
그저 홀로이 이 빗속을 헤맵니다.

가을비, 그리고··· 2

산허리 구름이
한참을 머물더니
이내 흐르는 계절 뒤로
가을바람, 비되어 내리고
잡는다 서지 않을 너이지만
그래도 못내 야속한 시간 속
울적한 미련으로 날 이끌어 세우면
가을비에 젖어 시린 발끝으로
낙엽비 되어 흐른다.

무엇이 그리도 아팠는지
무엇이 그리도 서러운지
이 계절 내내 가슴앓이 병 되어
밤새 잠 못 들고 뒤척이다.
새벽녘 창밖 가을비에
간다는 인사도 없이
그대처럼 가을도 떠난다.

그래도 돌아서 아닌 척
담담했던 부질없는 외면에도
못내 아쉬움이야 어찌할까
이 비가 그치고 낙엽이 져내고
그 자리에 달릴 차가운 겨울바람,
그래도 기억해 내리라
내게 머물렀던 가을,
이 슬픈 아름다움을···

그대 닮은 가을이
낙엽비 되어 흐른다.

時間은…

수많은 인연의 속에서
작은 인연 하나만으로 살아가는
시간의 틀 속에서,
가슴 털어 웃음 한 번 지어볼 새도 없이
아쉬움으로 헤어진 우리 사랑

끝내는 영영 이별일 수도 있으련만
그 흔한 인사조차 꺼내기 아쉬운
그렇게 찰나의 시간을 견뎌야 하는 우리…

부디 건강하길,
부디 안녕하길,
비는 이 마음만 남기고
떼이지 않는 발걸음
성큼 걸어 그대를 등진다.

얼마나의 시간이 흐르면…
얼마나의 인연이 스치면…
아무렇지도 않은 일이 될까.

그렇게 우린
또 하나의 이별을 남기고
또 하나의 時間을 견딘다.

무제 472

구름낀 해자리 바람도 멈추고
휑하던 바닷가 파도만 남았다
누구를 탓할까 못잊어 아픈맘
그래도 다잡고 오늘을 사는건
가야할 그길이 내앞에 있으니
힘들단 한숨도 무매한 넋두리
그립다 그립다 가슴안 외침도
결국은 시간이 흘러야 낫는걸
한참을 아프고 그제야 알았다

그렇게 아카시아는 피었고 1

5월의 밤에
일상으로 달리는 차창너머로
아카시아 향이 들어온다.
그 하얀 빛이 어둠에 녹고
바람에 스며 존재를 알리는…

사랑하는 그 사람이 보고 싶다.

감성이 이성을 넘지 못하고
그저 바라보는 것만이 전부인 나의 사랑
왜 아프냐고 물을 수도 없고
왜 아프냐고 묻지도 않고
이것도 배려라고
이것도 사랑이라고…

사랑하는 그 사람이 보고 싶다.

5월의 밤에
아카시아는 피었고
그 달콤한 향기 속에
눈물이 자꾸 난다.

사랑하는 그 사람이 보고 싶다.

그렇게 아카시아는 피었고 2

눈부신 이 봄의 햇살이
하얗게 부서져 맺힌 자리로
아카시아 꽃이 피었다.

향기에 이끌려 다가서다가도
날카로운 가시에 눈물져
돌아서는 발길,
그 아픈 설렘으로
나의 봄에
그대의 봄에
아카시아 꽃이 피었다.

봄이 오면 꽃이 피고
또 그 계절의 절정 뒤에야
기다리고 또 기다리던
설렘으로 어김없이 다가온…
눈이 부시게 어여쁜
당신의 모습처럼
산중에 한아름 걸린
그 익숙한 향기

나의 봄에
그대의 봄에
오월 아카시아 꽃이 피었다.

별이 불어오던 밤

추웠던 겨울의 태양도 지고
바람도 잦아든 해진자리,
달이 내리더니
별이 불어 이 밤을 밝힌다.

긴 한숨으로 다가선 하루가
지친 몸을 이끌고 집으로 향하는
걸음 끝에 흘려 무심히 지나간다.

오늘을 살자하고
또 내일을 기약하는 군상들,
빈 술잔 위 쳇바퀴타고
밤새 취해 비틀거리며 인생을 산다.

누군가는 떠나고
또 누군가는 남게 되는
인생의 무상함도 그저 허무인 밤에
달이 내리더니
별이 불어 이 밤을 맞는다.

그리움이 비처럼 내리고

'그리움이 비처럼 내리고'
대중가요 가사 같은 이 말이
너 없는 이 하늘에 내 이야기가 되고
가슴 한구석 쉼 없이 적셔 내고
채 마를 새 없이 그 안에서
내 삶에 젖어든다.

찬바람 스미어 낙엽 지듯이
너 없는 시간 속에 피폐해가고
어둔 새벽녘 멍한 망상에
밤새 뒤척이며 짓는 눈물처럼
널 향한 그리움이 비처럼 내리고

이 한 줄의 詩句는
내 노래가 되고
내 삶의 시간이 되고
그렇게 시간 속에…
또 새날에도

그리움이 비처럼 내린다.

인연(因緣)

십일월도 다가는 저녁
어둠이 비되어 내리던 시간에서
산중 바람을 만나듯 마주친 인연(因緣)으로
이제는 잊었다 생각했던
아련한 설렘을 기억해낸다.

시간이란 이름으로 흐르고
지나감 속에 다시 돌아서지도 못하는
치열했던 우리의 삶 안으로
영겁(永劫)의 시간이 그러했듯이

가을이 지고 겨울이 돋고
차가운 대지에 따스함이 앉고
또 꽃이 진자리로 치열한 뜨거움이 머무는
그 안에서 윤회하는 인연과 연기…
바람처럼 스쳐지고 또 잊히는 인연(因緣)은
결국 찰나를 그리고 오래도록 그리워하는
사랑이고 아픔이리라.

그러나… 바람

우리가 다시 만날 수 있을까?
그저 '안녕' 인사만 했을 뿐인데
그저 잡았던 손을 잠시 놓았을 뿐인데
그것으로 우린,
다른 시간과 다른 공간속에서
그 뜨거웠던 열정을,
감미로운 온기를,
그리워만 해야 하는
삶 속 유배를 살고 있다.

평온하고 평범한 삶인 양
당연한 시간을 보내고
일상에 미소 짓고 이야기하지만
가슴 한 곳은 늘 다른 곳을 향하는
모아이 석상처럼
시간에 스러져 바래져가는
너의 빛바랜 사진처럼
추억이 되어버린 담담함에
슬픈 가슴이어도
영영 잊히지만은 않기를
영영 잊지는 않기를
조심히 바래본다.

가을바람에…

바람이 불더니
끝내 한여름 치열함에도 꿋꿋하던 너가
시월 늦은 밤
간다는 인사도 없이 바람실려 떠나간다
가야 할 때가 있다는 걸 알기에
아쉬움에 서글퍼도
있으라 잡지 못하고
그저 공허에 애난 가을바람을 탓해본다

이렇게 다 떠나고 난 자리엔
한동안 찬바람만이 머물겠지
소복한 눈도 쌓일 거구
그렇게 시간도 머물겠지
해 넘어 따뜻한 그때야 어색한 인사도 없이
넌 또 이 자리에 돌아서겠지
그게 인생이구
그게 삶이겠지

어쩌랴
내 나이든 슬픔보다
당장에 가버린 너가
더 야속한 것을

그렇게 세월이 된다

해져가는 다 저녁
바람 속에 맡아지는
하루의 치열한 삶 내음도

코끝 무뎌지는
어둠이 덮이면
그리운 이 위안하며
버텨낸 이 시간을
대견해하고

숨 가삐 살아냈던
오늘을 치하하는
영혼 없는 넋두리로
넘쳐나는 이 밤에

그제가 그러했고
어제가 그랬고
오늘이 그렇고
내일도 그러할
시간…

처절히 살아냈던
나의 시간은
하루가 되고
일 년이 되고
그렇게 세월이 된다.

목련이 핀다는데

비가 내렸나 봅니다.
바람도 불더니
그렇게 겨울이 안간힘 쓰며 버티던
밤이 지난 자리로
가지 끝 이른 목련 망울이 맺혀 있습니다.
한 번은 가야 하고
또 그렇게 와야 하는 계절의 어수선함이
꼭 우리네 인생 같습니다.

비가 그치고
바람도 잦아든 봄의 초입새
아직은 메마른 대지 속에
눈이 나린 듯 하얗게 망울 맺은 목련 한그루가
떠날 계절을 추억케 하고
또 이 계절을 그리케 하고
알듯 모를 듯한 이 감정이
꼭 우리네 인생 같습니다.

그대여
목련이 핀다는데,
이 계절엔 그대도
날 추억하시려는지…

비워내는 연습이 필요하다

바람이 차가운 겨울새벽
잎도 져 내린 마른나무 끝에
이름 모를 별이 달렸다
크리스마스트리처럼 화려하진 않지만
찬 어둠 안에서도
단단히 견디어낸 겨울나무,
마지막 잎새 마냥 가지 끝에
별 하나 달고
슬프도록 눈이 시린 아침을 기다린다.

설레던 가슴도 그렇게 떠나지고
그리워 사무칠 여명도 슬픔이 된,
떨리던 가지 끝 미련처럼 부여잡은 어둠이
여명 뒤로 물러나는 시간
겨울나무 끝에 그대 별 하나가 걸리었다.

알 수도 없는 기나긴 외로움과의 싸움들
그저 멀리에 있는 시간과 그대 없는 공간,
그렇게 다른 세상을 살아내는 이기로
그대가 그랬듯 내게 다가와
이 밤, 별이 되었다.

아침이 오고 어둠이 걷힌 공간에
당당히 버텨 낸 의연함으로
겨울나무 끝 서녘별이
아팠던 시간을 이야기하면
멀리 돌아 결국 그 자리에 또 멈춰버린
나의 시간과 마주한다.

이젠 보내야 한다는 걸 알아버린
눈 가린 마음,
미련처럼 마주한 그대
별 하나를 지워내고
덩그러니 홀로 남은 외로움이어도
겨울나무 한그루 이 새벽에
남겨두어야겠다.

그대에게 의연해지기

겨울비가 내리는 새벽숲
쉴 새 없는 바스락임에
설친 잠을 깨고,
굳게 닫아놓은 커튼 새
차가운 바람이 지나면
그리워 뒤척이던 지난밤이
그저 담담함으로 날 마주한다

죽을 것처럼 아팠고
생각만으로도 눈물이 나던
그대 그리운 가슴으로
그대 보내고 홀로 남은 시간
얼마나 더 아파야
이 통증이 멈출까

의연해져야겠다

비록 비수처럼 찔러오는
폐부의 통증에 밤잠을 설치더라도
문득문득 그리운 순간이 눈물이라도
조금씩 조금씩 그대에게 난
의연해져가야겠다.

사랑과 이별은 같은 이유를 가지고 있다

하루가 저물고
또 새날을 기다리는 마음,
헤어지고 돌아선 걸음에
또 만날 설렘을 담는 것,
누군가 사랑과 이별은
같은 이유를 가지고 있다고 했다.

너를 사랑하는 마음과
너를 지켜야 하기에 보내는 마음
괴리 속에 망설이다 결국은 결정해야 하는 시간,
백 번을 고민하고
천 번을 고민해 봐도
말 한마디로, 글 한 줄로
정의되지 않는 것.

건네지 못해 슬픈 순정은
아련함으로 눈물짓게 하고
사랑한다 그 말은
차마 입술 끝에서 떨어지지 않는다.

IV
그리고…

그리고… 겨울바다

눈이 내리지도 않았는데
햇볕에 부딪히는 저 모래사장이
마냥 하얗게 빛이 난다.
올망졸망 그 체온을 보듬는 갈매기처럼
하얀 그 모래사장으로
겨울바람이 내리고
겨울바다가 부딪혀 온다.

파랗기만 한 하늘과
파랗기만 한 바다가
파랗기만 한 바람이
간화선(看話禪)을 수행하는 그곳.

언제 누구의 것이었는지도 모를
어지러웠던 역사의 흔적들 위로
밤새 눈이 내리면
어둠이 쌓였는지
하얀 눈이 쌓였는지
분간도 필요 없는 이 밤 그곳.

바닷가 찬바람 그 끝에
시린 가슴으로 망중한 그림자 서고
맥없이 돌아선 걸음에도
미련 없이 떠나보내 주는 바다
슬퍼도 슬프지 못하는
겨울바다가 그 곳에 있다.

* 간화선: 화두(話頭)를 근거로 수행하는 참
 선법

안녕히 가십시오

이렇게 손수건을 흔들면 이별일까
이렇게 주체할 수 없는 눈물이 이별일까
가슴이 먹먹한 애끓는 정이
아직 이 가슴에 못 다한 통한으로 남았는데
그대는 시간을 기다려 주지 않으십니다.
감사하다고, 미안했다고,
채 전하지 못한 이 후회가
돌이킬 수 없는 회한이 되어 울음 울지만
그저 공허 속 메아리일 뿐
가시는 길이라면 그것이 불변의 역사라면
잘 보내드리리라, 수없이 다짐했건만
그래도 가슴에 남는 이 미련은…

함께하지 못할 우리 남은 시간의
아쉬움 때문이겠지요
함께하지 못한 우리 지난 시간의
아쉬움 때문이겠지요

또 언제야 만나질까마는
그래도 해야 하는 인사라면
우리 또 함께할 그 시간까지
잘 지내시길…
머리 숙여 빌고 또 빌어봅니다.

(어머니) 감사합니다

언제부턴가 사랑한다는 그 말이
꼭 몸에 맞지 않는 옷처럼
한껏 어색하게 날 죄이고
선뜻 먼저 손 내밀지 못한
소심함으로 고개 숙인 인생이라도
한없이 아끼고 바래주는
당신의 눈빛에
그래도 내 삶이 당당해집니다.

잡은 손을 놓으면 버려질듯
울어대던 유년기에도
저 잘난 맛에 그 뜻을 거스르며
거쳐 온 내 반항어린 어린 시절도
가정을 이루고 아이를 낳고
그렇게 삶에 찌들어
당신을 잊고 지낸 세월이 중년이 된 지금
이제야 보입니다.
한없이 아끼고 바래주는
당신의 눈빛으로
내가 당당했음을…

벌써 세월도 사십 년이 넘고
그저 전화 한통으로
감사하다 전할 뿐이지만
저 너머 흐뭇해하시는
당신의 미소로
오늘을 살고
내일을 살고
한없이 아끼고 바래주는
당신의 그 눈빛으로
그래도 사랑임을 감사해합니다.

감사합니다.

청춘예찬(靑春禮讚)

바람을 담을까
이 좋은 볕을 담을까
시절도 봄이라
이리도 설레더니
새벽빛이 닿는 곳마다
세상이 열린다.

가지 끝 상기된 빛깔은
봄볕 그것에 닿아있고
먼 산 구름도
물 따라 새날로…

그 겨울 그리웠던 서러움은
춘삼월 이 바람에
눈 녹듯 녹아지고
몇 날이나 흘렀는지
기다렸던 그 세월에
다시 봄은 찾아온다.

이제 저산에도
진달래도 피고
매화꽃도 날리고
그렇게 푸름이 채워지고
또 언제면 좋으랴
그래도 봄인 것을…

바람이 운다

바람이 운다
대관령 산세를 넘어
차가운 바다 쫓아가다
험준한 여정이 힘들어서일까
눈물 나도록 힘겨운 싸움에 지쳐서일까
숲새에 호수 위 수초위에
덩그러니 홀로 남은 벤치 위에
알 수 없는 누군가의 어지러운 발자국 위에
숨 가쁘게 쳐내는 파도위에
스러지듯 힘겨운 무거움으로
바람이 운다

왜 자꾸 거꾸로만 갈까?

'아니야 이제 너가 싫어졌어
이렇게라도 헤어지는 게
널 좋은 모습으로 추억할 수 있을 거야
행복해라'

이게 뭐야
난 아직도 그 아이를 사랑하는데
불쑥 내 의지와 상관없는 말을 해버리고
말았다
그런데 그 아이가 그러는 거야
'그래 너도 행복해야 돼
고마워 쿨한 모습 보여줘서'

이게 뭐야
이런 내말에 일말의 생각도 없이
안녕 하는 너는 뭐냔 말야

그렇게 헤어졌다
참 어처구니없게도

그리고 한 달…
난 자꾸 너와 같이 했던 일들을
하고 있다

너와 같이 갔던 커피숍에서
너와 같이 했던 게임방에서
너와 같이 했던 영화관에서
너와 같이 듣던 노래를 듣고

그런데…
그런데…
너도 그러고 있더라
우연이라 하기도 그런 모습으로
나의 길에 너가 서있고
너의 길에 내가 서있고

우린 아직도 이렇게
그리워하는데
왜 자꾸 거꾸로 갈까?

예그리나

색 바랜 옛 앨범 속에서 발견된
노란 메모지 한 장
주저하다 꺼낸 꼬깃한 메모지에
한참을 망설였을 너의 설렘을 읽는다.
그 오랜 시간이 지났어도
여전히 어제 같은 추억
기다리던 너의 시간과 같이
발맞추어 따르던 어둔 골목 어디쯤
가로등 어귀를 지켜내던 너의 순수도
이제는 약이 다된 시계처럼
그렇게 멈춰진 추억이 되고
한참 만에 생각해 낸
그 메모엔 세월 삼십 년도 더 지난
시간의 따스함 여전한데
그렇게 그대는 없고
허상만 남아 날 슬프게 한다.
"예그리나"

* 예그리나 : "사랑하는 우리사이" 순수 우리말

내고향

강물 위 바람이 날아
멀리 저 산중에서
내 고향 산천을 타고
개어귀 안목에 닿는다.

바닷가 비린내보다
더 코끝을 자극하는 커피향,
술집보다 커피숍이 더 많은
강릉이 내 고향이다.

푸름도 바다에 닿고
꽃빛발 형형색색 흘러흘러
경포를 이루는 그곳

나릿물 지쳐 쉬는 곳에
내 어린 추억이 살고
대관령 산자락 구름에
내 벗들이 노니는 곳

닻별 한끝에 걸린 빛 마냥
옥색이 빛나는 그곳
내 가족이 있고
내 사랑이 있는…
강릉이 내 고향이다.

* 나릿물 : 시냇물
* 닻별 : 카시오페아 별자리

그대 닮은 가을이 온다

홍조 띤 얼굴로
해맑게 바라보는 그대 눈처럼
푸르기만 한 저 하늘이 아름답고
어여쁜 입술 그 맑은 목소리처럼
가지 끝 그 음률이 청량하고
감정을 어루만지는 편안한 그대 입김처럼
귓가에 스치는 바람이 시원하고
살랑이는 여린 바람에
그대 온 양 가을이 곁에 머물면
그대와 함께이던 시간도
그대와 같이 걷던 그 길도
그대와 나누었던 이 사랑도
내내 그리워 시를 쓴다.

가을바람, 푸른 하늘, 그리고 추억들…
뭐하나 그대 닮지 않은 것이 없는
그대의 계절,
그대 닮은 가을이 온다.

샤스타 데이지

해 잘 드는 산턱에
이 계절 바람이 지난 자리로
만년설 마냥 하얀,
샤스타 데이지가 가득 피었다.

늘 오르던 길인데
푸릇하더니 하룻밤 새
하얀 샤스타 데이지 눈꽃이 피었다.

바람에 꽃잎 실어
일렁이는 하얀 손짓으로
뜨거워지는 저 해를 부르는…

해 잘 드는 산턱에
그대 마냥 눈부신
하얀 샤스타 데이지가 가득 피었다.

일상

왜 널 잊지 못하냐구?
왜 그리움을 저버리지 못하냐구?
왜?
밤하늘엔 별이 있듯이
바다에 파도이듯이
낙엽이 지면 가을이듯이
눈이 내리면 겨울이듯이
넌 그냥 내 일상이니까
넌 그냥 내 일상이었으니까

인생회한

바람이 지쳐 든
너른 논둑길 위에
느릿 시간이 지나가고
뜨겁기만 한 햇볕은
시름, 이마 주름을 패고

가물어 그런가
힘이 부쳐 그런가
논바닥 마냥 갈라져버린
어미의 그 손등처럼
세월의 시름인 양 가슴을 저민다.
거친 손끝으로 보듬어낸
그 세월에
자식도 키우고 세월도…

누구에게나 한세월,
똑같이 흐르건만
탓하면 무얼할까
부질없는 한탄도
결국은 인생인 것을

곁에 머무르지 못한 회한에
저만치 흘러가버린 우리의 삶으로
돌아보며 눈물 흘린 후회로
바람처럼 나의 세월은,
또 우리의 인생은
그렇게 간다.

그대여, 이 봄이 갑니다

그대여, 별이 짙어
어둠을 밀어내는 이 밤에
멀리서 곤한 잠깨는 봄계절이
한걸음 더 물러나는 시간에
그대를 그리며 잠든 이 밤도 조용히
하얀 새벽을 맞습니다.

차가운 밤 움츠리며
열병으로 아팠던 시간도
그저 오래전 생채기 깊은 상처처럼
아물어가고
한 번도 그대 아닌 나를
생각하지도 못했던
열정의 시간들이 그리운 내 젊음이
이렇게 소리 없이 가는 봄과 같습니다.

그대여, 그래도 행복하시겠죠?
라일락 봄꽃에 애틋했던 청춘은
이제 가고 없지만
그대 그리워 방황하는 이봄의 청춘은
여전히 봄꽃향기를 찾아 헤매입니다.

어디서라도 한번만 볼 수 있다면
얼마나 좋을까요?
바래고 바래도 결국 져 내리는 봄꽃처럼
흐르는 시간 뒤로 그대도 퇴색해갑니다.
아픈 맘이야 어쩔까마는
그래도 좋으니 이봄에
한번만 그대를 다시 보고 싶습니다.

이 봄이 갑니다.
그대에게도 와있을 이 봄이
꽃을 져 내리고 그자리에
새살 푸름으로 돋우이고
또 그저 아련한 기약만 남기고
그렇게 갑니다.

또 목련꽃은 피는데

겨울 눈꽃이 녹아낸 자리에
함박 하얀 목련이 피고나면
어느 교회 마당 양지바른 그곳에
지붕보다 높은 목련꽃향 가득하고
눈이 내려 쌓이면 그랬던가
떠난 계절의 아쉬움 채 아련할 새도 없이
그렇게 봄이 내 앞에 다가선다.

마을 어귀 서성이며 님을 기다리듯
언제 부터 그곳에서
또 언제부터 이 계절에 설렘을 피워냈는지
그래도 봄이면 그 하얀 꽃을 달고
기다리고 헤어지기를 수백 번,
어김없이 피었으니 이제 곧 져야 하는,
아픈 맘이 서러 선뜻 손 내밀어 잡아주지 못하고
이 어둔 새벽을 하얗게 맞는다.

따뜻해진 봄 해를 달고
하얗게 부서져 대지를 품어내면
여기저기 기다렸다는 듯이 돋아나는 봄 안에
산중 들꽃도, 수줍게 돋은 제비꽃에도
스쳐가는 여우비에도 마냥 하얀 햇살 묻어내고
좋아라 기다린 마음가득 이봄도 행복한 것을
하늘 보듯 올려보는 목련나무 가득 구름처럼
매달린 꽃송이가 참 좋다.

넋두리

친구,
살아보니 인생이 그렇더군
내가 뭘 얻으려면
가슴도 아프고 속도 쓰리고
또 누군가를 아프게 해야 하고
그러니 어쩌려나
그저 주기만은 해봐야지
그래도 비워지지 않을 마음이면
애초 시작도 말아야지

친구,
사랑도 그렇더군
내가 열렬히 사랑할 땐
외 사랑도 한없이 좋기만 한데
같이 사랑해보자 하면
어느새 서운함이 먼저 들어오고
장사도 아닌데 무슨 계산을 하는지
그러니 어쩌려나
함께 해도 외사랑인 양
내가 더 열렬해줘야 하겠지

친구
그래도 난
늘 희망해 본다네
이렇게 살아내다 보면
날 나보다 더 좋아해줄 이도 만날 테고
내가 계산하지 않아도
한없이 주고 싶은 사람을
만나기도 할 테고
그게 지금 내 인생이고
그게 지금 내 사랑이니
더 열심히 살아봐야겠지

내 인생의 사월(부제 : 벚꽃)

꽃잎이 바람에 날리는 건지
바람이 꽃잎에 날리는 건지
그저 이 햇살 눈부심이 걸린
자리마다 벚꽃을 피워내고

이 계절을 맞는 감정이야
그대와 내가 다르건만
그래도 내내 행복하다면
그래도 설렌 이 감정이면
또 무엇이 필요할까

하얗게 덮어내는 봄눈마냥
벚꽃이 나리고
설렘이 날리우는 사월 이날
내 인생의 봄이 지나고 있다.

문득 그곳에서

한참을 걷다
또 그곳에 다다른 나를 본다
몇 천 번을 다잡은 맹세로
네게서 벗어나보려 하지만
결국 무슨 회귀본능처럼
돌아오고 마는…

나에게 넌 그런가 보다
머물러 있지 못한 후회로
결국 병적인 집착이 돼버린 사랑,
사랑한다 수없이 외쳐도 공허한
비워지지 않는 마음,
결국 방황하다 머무르게 될…

열렬히 사랑했고
치열하게 싸웠고
가슴 아프게 그리워했던 우리가
그곳에 이르러서야 보이는
아둔함이 만든 이별,

망연히 후회 하나 새기고
돌아서 가는 걸음에
이토록 눈물이 나는 건
미련 때문만은 아닌 것을
그곳에 서서야 알게 된다.

못난 후회로 부르는 이름

바람에 쓸리고
빗물에 젖어
흐르듯 떠밀려가는
세월 속에서도
못내 미련으로 놓지 않은
그대 사랑은

해가 바뀌어도
멀리로 떠가는 바람타고
허공을 맴돌다
부서진 외로움 되어
그대 생각에 떨려 우는
웅크린 설운 사랑,

그 작은 상처에도
홀로인 밤이 두려워
불을 끄고는 잠들지 못한
못난 회한이 가슴에 쌓여
높은 그대에게 닿기를…

그대 품이 잊힐까
그대 온기가 사라질까
못난 후회로 부르는 이름
어머니가 보고 싶습니다.

강릉가는 길

바람이 지치려나
구름이 지치려나
산새 거친 대관령이 지켜낸
그곳에 강릉이 있네

오백 리 먼 길이라 못 올까
오백 리 그 길이라 못 갈까
세월도 막지 못할
천년의 그 세월이 있는 곳

靑松 푸른 산새가
드넓은 바다에 와 닿은 그곳,
경포호수에 깃든 달빛도 있고
오죽헌 죽향(竹香)에 취한 인정도 있는,
그곳에 강릉이 있네

기차도 타고 가랴
버스도 타고 가랴
무엔들 그 곳이면
이보다 아니 좋을까
이고진 정(情)속에서
내 부모가 사는 고향

그곳에 강릉이 있네

"외눈박이 물고기의 사랑"

이십 년 전 시집을 꺼내 놓고
책장 한 장을 넘기지도 못하면서
마주대한 설렘에
한참을 시집 제목만 되뇌어 본다.

서점에서 구입을 했었는지
누군가에게 선물을 받았는지
기억도 가물한 그 추억 속에서도
잊히지 않는 이 떨림은
그렇게 날 그 시간으로 이끌고

용기 내 넘긴 시집 안에서 발견한
메모지 한 장……
그건 소년의 첫사랑이었다.
바람처럼 떠돌던 시 한 줄보다
더 설레고 더 가슴 떨리던,
그렇게 나의 시간은
추억이 되었고
詩가 되었고
내 삶이 되었다.

"외눈박이 물고기의 사랑"처럼
이젠 첫사랑은 없지만
그래서 한쪽 눈으로 살듯
이 세상을 살아내 왔지만
여전히 그 시구가 그 감동이
날 이끌고 있다.

그대에 대한 욕심인 것을

세상을 살면서 가장 힘든 건
내 것으로 하지 않는 무심일까?
내 안에 담고 싶은 욕심일까?
바보 같다는 자괴도
결국 내가 만든 욕심 안 허상인데
떨쳐내지도 못할 미련으로
난 또 욕심을 내본다

그대를 보면서도
더 그리워하는 건
그대에 대한 욕심일까?
다른 시간과, 다른 공간과
다른 생각과, 다른 삶 안에
머무르는…
당연함에도 힘든 건
내 바보 같은 욕심이다.

며칠을 홍역처럼 앓고야
알아버린 내 욕심들
버려야 얻을 수도 있다는 걸,
나에게 오지 않을 그 마음 때문에
가슴 졸이며 바라는 건
이기와 행복의 괴리에서
방황하는 자아뿐이라는 걸

아파보고야
약이 필요한 걸 알았다
눈물 뒤에야
미련인 걸 알았다
후회하고야
그것이 사랑인 걸 알았다

십이월에 적은 낙서(落書)

열두 번의 마지막 끝달
늘 분주한 인생의 말미에서
지나온 길도 아프고
가야할 길도 안 보일 때
쉼이 없는 도돌이표로
또 그 길 위를 반복한 인생.
쳇바퀴 굴리듯 제자리를 맴돌고
그래도 끝달이라고 설레이는
십이월은 그렇다.

밤이 길어 설운
시간 잃은 철새는
모두 떠나버린 산중에
홀로 남아 서러운 울음으로
어둠을 버텨내고,
힘들게 내딛은 첫발도
멀리 떠나온 내 시간도
끝내 이 자리에 돌아와 버린…

너가 떠났던 이 시간 그 아픔,
기억나지 않는 것이 아니라
기억하기 싫었던 눈물…
소복한 눈에 덮여 잊히기를
밤새 해대던 마른기침소리에 묻혀
그냥 꿈처럼 사라져 버리길
또 얼마나 바래야 할지.

슬퍼하지 말아야겠다
그렇게 가는 이 계절이
마지막인 양 체념하던 내 젊음에
그땐 몰랐던 내 무지함이 부끄럽다
나이가 들어서 알게 된 진실…
이 시간이 떠나가야
새로운 시간이 온다는 것을

나의 십이월은
떠나가고
또 돌아올 것이다.

망한지동[忘寒之冬 : 한기를 잊은 겨울]

바람찬 십이월에
양지녘 진달래는
이계절 겨울인가
이날이 봄날인가
그리도 그리워서
시간도 잊고픈날
산중세 소담토록
겨울볕 가득담고
봄날을 기다린다

끝자락 어딘가에

겨울이 되어버린 이 새벽
등 떠밀 듯 흐르던 시간은
손끝 찬 바람 위에 날 몰아세우고
아직도 보내지 못한 미련에
가슴은 여전히 가을 끝을 맴돈다.

산중 어디에도
그 화려했던 시간은 남아있지 않지만
쓸쓸함 맺혀지는 나목들사이로
살포시 덮인 낙엽들 사이로
이제 겨울이 옴을 말한다.

한동안 너 떠난 쓸쓸함으로
여전히 낙엽 진 거리 위를 서성이겠지
또, 그렇게 그러하게
난, 나의 시간을 살아내겠지.

반쪽짜리 내 가슴

슬픔에 겨운 눈빛으로,
내내 하지 못한 몸짓으로,
아주 조금만 더 네게
다다르기를 희망해 본다.

무엇이 정답인지도
또 어찌해야 옳은 것인지도
망설이며 흘려낸
긴 날들의 내 시간들…

늘 심약했던 스스로를 탓하고
정작 마음 한마디 건네지 못했던
무력함이
끝내
낯선 그리움 가슴 한구석, 미련으로
반쪽짜리 내 가슴을 후비고

끝내는 이렇게 인생이 마쳐지고
끝내는 이렇게 이 고통도
무뎌져 가겠지만

그래도 한 번은…

한 번은 건네 보리라
나보다 널 더 애틋해하는
이 미련한 내 사랑을 위해,
용기 내 건네 보리라

고구마 꽃

특이할 것 없고
특별히 이쁘지도 않은 꽃,
천 년을 살고
그 인고를 피워내는
우담바라만 못하다
누가 말할 수 있을까?

백 년을 살아도
그저 순백 그 하얌으로
내내 기다림 피워낸 널
못내 그리워도
못내 원망해도
이 삶에 한번은 어찌 쉬울까

보고 싶다 하여
볼 수도 없는 너이건만
어찌 그 평범함이라
널 야속타 할까

세월이 가고
그렇게 한 백 년 가득히
한 서린 기원 안에
너는 덧없듯
피고
또 진다.

양귀비꽃이 피었다

뜨겁기만 한 햇볕에
파랗기만 한 하늘
풀꽃 너른 대지에
간간히 불어오는 바람 안에
해드는 산턱에
너는 선홍빛 수줍음으로…
긴 대롱 끝 양귀비꽃이 되었다.

지천에 이름 모를 풀꽃사이로
그 선연한 향기가,
바람의 길에 햇볕 한 줌을 맞으면
어느새 조용히 피고
감탄할 새도 없이
떠나고 마는…

7월 나의 산중엔
기다림 담은 햇볕 한 줌 엉글어
네가 진 자리 가득
향기가 남아
바람 되어 보듬는다.

습관처럼

오늘이 지나면 내일이 오듯이
겨울이 지나면 이렇게 봄인 듯
우리의 사랑은
습관처럼 당연했었다.
가까이 있지만
서로가 보이지 않고
멀리 있어도
너무나 잘 알고 있는
그런 당연함처럼,
너무나 편해져버린 익숙함이
우리 곁에 내리는 봄비처럼
소리 없이 서로에게 젖어든다.

내게서 넌,
네게서 난,
습관처럼 당연한 사람이련만
봄비가 지나야 알 수 있는 그 따스함처럼
지난 그 추위를 견뎌야 알 수 있는
봄꽃의 화려함처럼
그저 무뎌져버린 당연함은 아닌지…

그렇게 우린 서로에게
습관이 되어버렸다.